ADRESSE

AUX

BONS FRANÇAIS.

ADRESSE

AUX

BONS FRANÇAIS,

OU

CONSIDÉRATIONS

SUR

LEURS VÉRITABLES INTÉRÊTS.

1er Mai 1815.

PARIS,

CHEZ LES MARCHANDS DE NOUVEAUTÉS.

1815.

ADRESSE

AUX

BONS FRANÇAIS.

————

Paris, le 1er Mai 1815.

S'IL y a de la témérité dans un simple citoyen à s'ériger en orateur de la Nation, on doit lui pardonner en faveur de son but et de ses principes, quand ils sont marqués par un véritable patriotisme. Heureux celui qui, en défendant une bonne cause, peut la soutenir de l'autorité d'un grand nom! Le mien est inconnu; mais qu'importe? De quelque part que vienne la vérité, elle doit être accueillie. Si jamais il fut pressant de la faire entendre, c'est assurément dans les circonstances actuelles; d'affreuses calamités sont prêtes à fondre sur la France, et la tempête sera plus ou moins terrible, selon l'attitude que va prendre la Nation. D'un côté, une invasion étrangère nous menace; de l'autre, le

Chef du Gouvernement inspire des soup-
çons sur la nature de ses intentions : examinons ce qu'un bon Français (1) doit
craindre, ce qu'il doit espérer, en un mot ce
qu'il doit faire.

———————————————————————

(1) J'appelle bons Français ceux qui, abstraction faite
de leurs sentimens particuliers pour Napoléon ou pour
les Bourbons, aiment avant tout leur patrie.

SOMMAIRE.

Le Motif que les Alliés donnent à leur Déclaration de guerre n'est qu'un prétexte, ils n'avouent point leur véritable but. — Quel peut étre ce but? — État comparatif de la situation de la France dans la campagne de 1814 et au commencement de celle de 1815. — Quelles craintes Napoléon peut inspirer à la Nation sur sa tranquillité future? — Quelles sont les garanties de la Nation? — Conclusion.

Lorsque les Souverains de l'Europe se réunirent l'année dernière contre la France, ils étaient tous portés à cette guerre par les motifs les plus justes et les plus déterminans. Ce n'étaient pas les Rois seulement qui la voulaient; pour cette fois leurs peuples furent d'accord avec eux, et, par un mouvement unanime, ils marchèrent tous à cette nouvelle croisade contre le despotisme qui les opprimait d'une manière insupportable, surtout depuis deux ans. Un joug de fer à briser, de grandes vengeances à exercer, voilà les mobiles qui levèrent ces millions de bras qui de tous côtés frappèrent la France. Certes leur cause était belle : c'était celle de l'indépendance des Nations. Un véritable citoyen ne peut refuser cet hommage aux éternels principes du droit des gens. La coalition triompha par le nombre des assaillans, la trahison et la lassitude des Français. La France fut réduite à ses anciennes limites, et les Hautes-Puissances alliées se réunirent à Vienne, afin de régler définitivement leurs intérêts. Jusque-là leur conduite, à peu de chose près, était conforme aux principes qu'elles avaient proclamés, et l'Europe entière tournait ses regards avec sécurité vers ce Congrès, dont elle attendait le bienfait de sa tranquillité et l'accomplissement des plus solennelles promesses. Mais combien elles avaient été fallacieuses! Les Hautes-Puissances, dont la justice devait régler toutes les actions, et qui, selon leurs manifestes, ne s'étaient coalisées que pour rendre à chaque Nation ce qui lui appartenait, ne pensèrent plus qu'à s'en partager les dépouilles quand elles eurent abattu l'ennemi commun. Sous le seul prétexte de la convenance, cette indépendance des Nations, qu'elles avaient tant fait valoir, fut impudemment violée, les droits des peuples méconnus; on les marchanda comme une denrée. Je n'entrerai pas ici dans le détail des turpitudes politiques du Congrès de Vienne; les journaux français, et à une époque où ils ne pouvaient être suspects sous ce rapport, les ont assez fait connaître. Ces mêmes Puissances nous déclarent aujourd'hui la guerre, et elles allèguent pour motif le retour de Napoléon. Il est facile de démontrer que cet événement n'est que le prétexte de la guerre pour elles, et non pas leur véritable motif.

En effet, pourquoi nous ont-elles fait la guerre l'année dernière? — C'était pour enlever à la France ses conquêtes et la prépondérance dont elle se servait pour opprimer le continent. Elles ne venaient point pour changer son Gouvernement; c'était si peu leur but, que les conditions du Traité de paix de Paris, tel qu'il a été signé par Louis XVIII, avaient été offertes à Napoléon, six jours avant l'entrée de l'ennemi dans la capitale. Les Hautes-Puissances consentaient donc à traiter avec lui, quoiqu'elles eussent pénétré au cœur de la France, et malgré tous les avantages qu'elles avaient sur lui. Elles n'étaient donc pas venues pour le détrôner, et encore moins pour rétablir les Bourbons. Leur but encore une fois était rempli, dès qu'elles ôtaient à la France ses conquêtes et sa prépondérance. L'idée de changer le Gouvernement et la dynastie régnante n'a pu se présenter à elles que, lorsque maîtresses de la capitale, du Sénat et des Autorités municipales de Paris, instruites d'ailleurs du mécontentement général de la Nation contre le despotisme de son Souverain, elles n'ont plus vu d'obstacle à le renverser; et il fallait bien qu'elles le renversassent par ce moyen, puisqu'il était décidé à ne pas signer la honte de la France en acceptant les conditions qu'elles offraient. Telle était donc, l'année dernière, la position des Puissances alliées à l'égard de la France et de Napoléon, et tels furent les motifs qui dirigèrent leur conduite; motifs puissans, et qu'elles pouvaient hautement avouer; motifs assez importans pour légitimer les énormes dépenses de cette immense expédition en hommes et en argent. Aujourd'hui qu'elles s'apprêtent de nouveau à faire couler le sang de leurs soldats, et à prodiguer leurs millions, il est naturel de supposer qu'elles ont encore des raisons aussi puissantes pour les déterminer à d'aussi grands sacrifices; et cependant *elles préten-*

dent ne vouloir que renverser Napoléon, et remettre les Bourbons sur le trône. Ce ne peut être leur véritable but.

Quoi! elles ne recommencent cette guerre ruineuse que pour renverser Napoléon, et l'année dernière, lorsqu'elles étaient maîtresses de la moitié de la France, que les sacrifices de la guerre étaient déjà faits, elles consentaient à traiter avec lui?

Elles lui offraient les mêmes conditions que celles qu'il leur propose de maintenir aujourd'hui, et cependant sa position était bien moins avantageuse qu'elle ne l'est maintenant : il me sera facile de le démontrer tout-à-l'heure. D'un autre côté, il n'avait pas fait la solennelle abjuration de son système de conquêtes, de son projet de fondation du grand Empire ; abjuration faite à la face de toute l'Europe, qui a été officiellement notifiée aux ministres des Puissances étrangères et dont la Nation française *a pris acte.* Il n'avait pas renoncé à son despotisme intérieur, qui, le laissant maître absolu du peuple, pouvait lui donner le moyen, quand il le voudrait, de lever quelques cent mille hommes avec un sénatus-consulte, pour reprendre ses conquêtes. Que de garanties de moins pour un traité! Que d'avantages de plus sur Napoléon elles avaient l'année dernière! et cependant, je le répète, elles lui offraient les mêmes conditions qu'elles refusent de maintenir aujourd'hui sur sa proposition. Et pourquoi refusent-elles? — C'est sous le prétexte *qu'elles ne peuvent traiter avec un homme qui ne tient point à ses engagemens*. Mais, depuis l'époque où elles lui offraient la paix (six jours avant l'entrée dans la capitale), Napoléon ne leur a pas donné de preuves de sa mauvaise foi. Qu'on en cite une (1)? — Le degré de confiance des Puissances alliées dans sa parole n'a donc pu changer. — Ainsi le motif qu'elles allèguent n'est qu'un vain prétexte. D'ailleurs, n'est-il pas dérisoire de les voir exiger de la bonne foi dans les autres, quand elles-mêmes en ont montré si peu en tant

---

(1) Il serait assez singulier qu'on répondit à cette question, en alléguant qu'il a manqué à sa parole en sortant de l'île d'Elbe. Il faudrait pour cela qu'on n'eût pas vu la Déclaration du Conseil d'État, insérée au Moniteur du 13 avril 1815, et dans laquelle il est prouvé, par des faits incontestables, que toutes les conditions du traité de Fontainebleau avaient été violées à son égard et à celui de sa famille, par les Alliés et les Bourbons, lorsqu'il s'est décidé à revenir en France. Comment pourraient-ils donc exiger que Napoléon observât un traité auquel ils avaient manqué dans toutes ses parties?

d'occasions? quand elles ne connaissent entre elles de garanties que celles des baïonnettes, et de traités que ceux que l'on peut soutenir avec du canon? Il sied bien à l'Angleterre de demander de la fidélité dans les engagemens, elle qui s'est fait un jeu de rompre tous les siens, et dont la perfidie est écrite sur les ruines de Copenhague et dans tant d'autres lieux; à la Russie, à l'Autriche, à la Prusse, qui, sous le rôle sacré de médiateurs, ont consommé le démembrement de la Pologne, et se la sont partagée par une ruse aussi odieuse que celle que Napoléon employa envers l'Espagne; à l'empereur Alexandre, qui affiche de si beaux principes d'équité, et qui s'est emparé de la Finlande en pleine paix, sur les Suédois; qui avait promis la liberté aux braves Polonais, et qui n'a cherché qu'à consommer leur esclavage (1); qui avait voué sa protection aux faibles, aux opprimés, et qui le premier a donné les mains à ce qu'on dépouillât le Roi de Saxe de ses États; ce vertueux Monarque, souverain légitime par le vœu de son peuple dont

---

(1) L'empereur Alexandre vient définitivement de placer la couronne de Pologne sur sa tête, et par conséquent d'ôter aux Polonais toute espérance d'indépendance.

il est l'idole, et par droit d'hérédité d'une des plus anciennes familles d'Allemagne. Son seul crime aux yeux des Hautes-Puissances est d'avoir cru que la qualité de Roi ne dispensait pas de tenir sa parole.

Que dirai-je de l'Empereur d'Autriche, Souverain encore plus ridicule que mauvais père, qui, après avoir pris Napoléon pour gendre, va détrôner son petit-fils sans avoir même la politique pour excuse? On sait qu'en 1809, profitant du moment où Napoléon était occupé de son expédition contre l'Angleterre, il viola, sans déclaration de guerre, le territoire bavarois, espérant surprendre notre frontière avant que nous pussions y apporter des moyens de défense. On sait encore qu'en 1813 il concluait en même temps deux traités offensifs et défensifs, l'un avec Napoléon, l'autre avec la Russie et la Prusse. Enfin les Alliés n'avaient-ils pas garanti à Murat, par un traité solennel, le royaume de Naples, et personne ignore-t-il que Murat ne leur fait la guerre aujourd'hui que parce qu'ils ont voulu le déposséder en violant leur parole? — Mais il n'est pas nécessaire de m'appesantir davantage sur l'examen de conscience des Hautes-Puissances, on voit ce qu'on peut obtenir en effleurant seulement le sujet.

(15)

Ce que j'ai rapporté est suffisant pour démontrer combien est vain le prétexte qu'elles
donnent à leur déclaration de guerre, tout
homme de bon sens, qui voudra l'examiner
sans partialité, conviendra que ce ne peut
être leur véritable motif.

Quelques personnes pourront alléguer que
les Alliés se proposent uniquement de rétablir les Bourbons sur le trône de France,
parce qu'ils se sont engagés à les y maintenir. Je ne sais si une pareille opinion mé-
rite sérieusement d'être réfutée.

Les gens qui s'occupent de politique et
d'histoire savent apprécier le degré d'intérêt
que portent les Souverains aux Princes détrô-
nés, et les sacrifices dont leur générosité est capable pour les réintégrer dans leurs droits,
quand eux-mêmes n'y trouvent pas un avantage direct. Pourrait-on de bonne foi supposer,
par exemple, que l'empereur Alexandre et le
Roi de Prusse se crussent en conscience obligés de rétablir Louis XVIII sur le trône dont il
est tombé, lorsqu'eux-mêmes cherchent d'un
autre côté à chasser le Roi de Saxe de celui
de ses ancêtres et à s'emparer de ses États ?
Pourrait-on de bonne foi supposer que les
Souverains coalisés se crussent en conscience
dans l'obligation de maintenir un article par-

ticulier d'un traité au prix du sang de leurs soldats et de l'épuisement de leurs finances, quand ils en ont violé tant d'autres tout entier? Il faudrait pour cela qu'il se fût opéré une étrange révolution dans leur moralité, et qu'ils fussent subitement devenus intègres et désintéressés, de perfides et d'égoïstes qu'ils étaient. Mais il serait plus que ridicule de soutenir une pareille thèse.

Le rétablissement des Bourbons sur le trône de France n'est donc pas la véritable raison de la guerre que les Alliés nous déclarent : il peut entrer dans leur projet de les rétablir, il entrera nécessairement dans leurs moyens de le promettre ; mais ce n'est pas là la partie essentielle de leur but. Nous avons démontré que le motif allégué par les Puissances qu'elles ne voulaient et ne pouvaient traiter avec Napoléon n'était pas plus fondé, que ce n'était par conséquent qu'un prétexte ; il s'ensuit donc que les Alliés ont d'autres motifs de nous faire la guerre que ceux qu'ils avouent.

Cherchons ces motifs en prenant toujours pour guide cette observation que les pertes énormes d'hommes et d'argent qu'entraîne nécessairement une telle invasion, supposent pour but dans les Puissances envahissantes, un avantage proportionné à la grandeur des sacrifices. Pour bien sentir toute la force de cette remarque, examinons la situation actuelle des Puissances qui nous déclarent la guerre, et celle de la France à leur égard.

Leurs finances sont dans le plus grand délabrement, épuisées par les guerres ruineuses qui se sont suivies de près et particulièrement par leur dernière expédition de 1814 ; l'Angleterre leur a fourni d'immenses subsides, mais l'excédant des dépenses n'en a pas moins appauvri leurs trésors, et l'on voit en effet, par le cours du change, dans quel discrédit sont tombés leurs fonds publics. Le théâtre de la guerre a été successivement promené dans presque toute l'Europe, et ce fléau, déjà si terrible de loin, n'a rien épargné sur son passage. Les peuples sont ruinés, accablés partout d'impôts et d'exactions ; dans un grand nombre de provinces, réduits au désespoir par la présence des armées qui ont été maintenues sur le pied de guerre par les Hautes-Puissances, et même sans cesse augmentées pour soutenir leurs prétentions ambitieuses au Congrès. La population des différens pays s'est épuisée et s'épuise encore pour fournir à ces immenses amas d'hommes. Enfin les peuples demandent grâce à leurs oppresseurs, et les supplient de leur donner le bienfait de la paix qu'ils tiennent dans leurs mains, et qu'il ne dépend que d'eux de leur accorder. Vaines prières ! leurs bourreaux, qui osent s'appeler leurs pères, veulent la guerre et les y entraînent malgré eux.

Les armées russes, déjà toutes rentrées en Pologne, vont de nouveau se remettre en marche, traverser toute l'Allemagne, c'est-à-dire, faire trois cents lieues de pays au moins, pour se reporter en France ; il en faut dire à-peu-près autant d'une grande partie des armées autrichiennes et prussiennes, qui étaient retournées respectivement chez elles. Que de fatigues pour des troupes qui en ont déjà tant éprouvées, et qui respiraient à peine depuis qu'elles étaient rentrées dans des cantonnemens fixes ! Que de soldats perdus, usés par ces mouvemens continuels, par ces longues marches et l'indiscipline, et les excès qui les accompagnent toujours ! Mais non, il faut la guerre aux maîtres de ces soldats, et ils marcheront.

Cependant ils ne seront pas tous disponibles contre la France, et la situation de l'Europe est sous ce rapport bien différente de ce qu'elle était l'année dernière. La Russie est obligée de laisser en Pologne une grande partie de ses troupes, pour contenir les malheureux habitans de ce pays, qui en sont au dernier degré de l'exaspération et du désespoir. Lorsqu'après avoir vaillamment combattu pour leur liberté dans la campagne de 1812 , ils retombèrent sous la domination russe par le déplorable résultat de cette expédition , l'empereur Alexandre , pour les contenir pendant qu'il se porterait en avant, promit, par une proclamation, de leur rendre l'existence nationale et l'indépendance quand il aurait terminé la guerre contre la France. A son retour à Vienne, et à l'ouverture du Congrès , il le leur promit encore, et cependant il ne s'est occupé à ce Congrès qu'à consommer l'asservissement des Polonais. Aussi l'exaspération et le besoin de la vengeance sont à leur comble chez ce peuple malheureux , et, pour le contenir, l'empereur Alexandre sera obligé d'y laisser une grande armée, d'autant mieux que les Polonais n'ont plus d'espérance aujourd'hui que dans l'empereur Napoléon.

L'année dernière , les Saxons marchaient avec les autres Puissances contre nous. On sait combien leur défection inattendue à la bataille de Leipsick nous a été funeste, et qu'elle a décidé du sort de cette bataille. Dans l'invasion du territoire français , ils rendirent d'éclatans services aux Alliés, et contribuèrent puissamment aux succès de leurs armes. Mais alors les Saxons ignoraient l'indigne traitement qu'on préparait à leur Monarque chéri ; ils ignoraient que, pour récompense de leurs services, les Hautes-Puissances voulaient leur ôter l'existence nationale , ou du moins les morceler ; qu'en attendant une décision du Congrès, leur pays serait administré militairement, pendant quatorze mois, par ceux qui prétendent en devenir les maîtres ; qu'il servirait de cantonnement à une partie de l'armée prussienne, qui s'y conduirait comme en pays conquis ; que l'on renverrait de leurs places, qu'on emprisonnerait ceux qui oseraient manifester leur attachement pour leur Prince légitime, etc., etc., etc.—Aussi ce peuple fidèle et brave ne respire-t-il que la vengeance contre ceux qui l'ont si indignement trompé et outragé ; et, dans cette nouvelle guerre, les Alliés seront non-seulement privés de la puissante coopération de l'armée saxonne, mais la Prusse elle-même sera obligée d'y laisser, comme la Russie en Pologne, une armée considérable pour garder et contenir un peuple qui n'aura rien à perdre et tout à gagner dans un mouvement insurrectionnel.

L'année dernière, les peuples de l'Italie

étaient contre nous. Les maux de la guerre, la conscription, les impôts nous avaient aliéné leurs cœurs; et, malgré l'antipathie nationale qui existe entre les Italiens et les Allemands, ces derniers furent reçus par eux comme des libérateurs, parce qu'un peuple qui souffre beaucoup sous un Gouvernement espère toujours être mieux sous une autre domination. Mais combien tout est changé depuis un an! L'Italie a été de nouveau morcelée en un grand nombre d'États, et cette division, cause funeste des calamités qui n'ont cessé de désoler ces belles contrées pendant dix siècles, a été revue avec effroi par les peuples qu'elle menaçait de nouveaux malheurs. Le Roi de Sardaigne s'est conduit comme un tyran dans les États rentrés sous sa domination. Le Pape, comme souverain temporel, a commis les mêmes fautes que le Roi de Sardaigne. La parole du Gouvernement anglais pour l'indépendance de la république de Gênes a été violée, et les Génois, qui croyaient avoir retrouvé la liberté, ont frémi de douleur et d'indignation de se voir sujets d'un Roi despote, qu'ils méprisent et détestent. Enfin le gouvernement militaire des Autrichiens, qui pèse sur une si grande partie de l'Italie, a achevé de mettre le mé-

2.

contentement à son comble. Depuis long-
temps il n'était comprimé que par la terreur
des exécutions militaires, et n'attendait que
l'occasion pour éclater. Le moment est enfin
arrivé, et le cri de l'indépendance et de la
liberté, jeté d'abord par une portion heureuse et libre des Italiens, a été répété avec
enthousiasme par tous leurs frères. Les Na-
politains, conduits par un Souverain qu'ils
aiment, et qui a assuré leurs droits politiques par une Constitution presque républicaine, s'avancent rapidement, et, secondés
par la population entière de ce beau pays
qui s'arme de tous côtés, ils chassent devant
eux les tyrans et les spoliateurs de cette an-
cienne patrie des arts et de la liberté. Quelques
jours encore, et tous les peuples de l'Italie,
réunis indivisiblement en corps de nation,
offriront quelques cent milliers de soldats
contre ceux qui prétendraient les asservir.
L'armée napolitaine, qui en forme le noyau,
est belle, nombreuse et bien commandée.
Les peuples de l'Italie, qui combattent pour
l'indépendance et la liberté, font cause commune avec les Français, qui prennent les
armes pour les mêmes motifs; voilà d'excel-
lens auxiliaires qui étaient contre nous l'année précédente, et qui dans cette nouvelle

guerre vont occuper la plus grande partie des forces autrichiennes (1).

L'Espagne et le Portugal, au commencement de 1814, envahissaient nos frontières méridionales avec une grande armée, aguerrie par six années de combats continuels, animée par le patriotisme et la vengeance, et qui occupait de ce côté une bonne partie de nos forces, les armées des maréchaux Soult et Suchet. Nous n'avons pas actuellement ces peuples pour nous, mais ils ne peuvent rien contre nous. Tout le monde sait en effet le triste état dans lequel la stupide tyrannie de Ferdinand VII a replongé les Espagnols, qui avaient tout bravé pour lui

---

(1) Le mouvement rétrograde qu'a fait Murat pour se concentrer, en attendant que l'armée que nous réunissons à Chambéry soit prête à agir simultanément avec lui, a donné lieu à mille contes que les journaux étrangers ont débités, et qui ont été démentis. On a même prétendu que Murat avait fait un traité avec l'Empereur d'Autriche, par lequel ce dernier lui garantissait de nouveau ses Etats de Naples. Mais ne lui avaient-ils pas été garantis par son traité de 1814 avec les Hautes-Puissances? Puisqu'elles ont violé ce premier traité, quelles garanties peuvent-elles donner qu'elles ne violeront pas également le second, si elles peuvent renverser Napoléon? Il est évident que Murat ne peut plus se fier à leur parole, et que par conséquent il leur fera une guerre à outrance.

2.

garder un trône dont il était indigne. Point de finances, point de commerce, point d'industrie, point d'armées; le peu de soldats qui sont encore sur pied sont nus et sans paye, depuis le retour de leur ingrat Monarque. L'énergie du patriotisme a fait place à l'abattement, à un mécontentement général contre le tyran. Des symptômes de rébellion se manifestent partout, et Ferdinand VII a trop affaire de réprimer des insurrections qui pourraient le renverser, pour prétendre faire une guerre d'invasion. D'ailleurs la querelle du peuple espagnol est vidée avec la France. Celle-ci ne prétend plus se mêler, malgré eux, de leurs affaires, et leur imposer un Souverain étranger, contre leur volonté; conséquemment l'animosité est éteinte entre les deux peuples. Ainsi, en supposant que le fanatique qui les gouverne, aidé des subsides de l'Angleterre, voulût nous faire la guerre, à quelque prix que ce fût, nous n'aurions à craindre de ce côté que des efforts impuissans. Nous pourrons donc employer dans le Nord la plus grande partie des forces qui garantissaient nos frontières des Pyrénées.

Lorsque la Belgique et les départemens entre le Rhin et la Meuse furent envahis l'année dernière par les troupes alliées, il arriva de leurs habitans ce qui avait lieu en Italie ; les maux sans cesse renaissans de la guerre , la conscription et les impôts , leur avaient rendu le Gouvernement français insupportable , et les Alliés furent reçus et traités comme des libérateurs. Mais depuis cette époque les choses sont totalement changées, les Belges et les autres habitans de ce pays sont revenus sur leurs véritables intérêts, et ils ont senti, par une cruelle expérience, combien il était plus avantageux pour eux, malgré ce qu'ils avaient souffert sous le Gouvernement français, d'être sous cette domination que sous toute autre. En outre, il existe une antipathie nationale entre les Belges et les Hollandais, auxquels on les a réunis ; enfin ces peuples s'étaient habitués à se considérer comme Français, depuis vingt-deux ans qu'ils en avaient le nom et les droits. Ils nous tendent maintenant les bras et ne désirent que le moment où ils pourront faire éclater leur amour pour la patrie qui les avait adoptés , qu'ils ont pu méconnaître un instant, mais à laquelle ils brûlent de revenir et pour laquelle ils s'armeront avec enthousiasme. Voilà donc, en 1815, encore un avantage important qui était contre nous en 1814.

Nous avons déjà parlé de la Saxe. Quant

aux autres peuples de la ci-devant Confédération du Rhin, ils étaient acharnés contre
nous en 1814, parce qu'ils voulaient à toute
force briser le despotisme du protectorat qui
opprimait d'une manière insupportable princes
et sujets, parce qu'ils ne voyaient dans les
Hautes-Puissances qui marchaient à leur tête
que des libérateurs, et qu'ils ne croyaient pas,
d'après toutes leurs promesses, qu'après avoir
abattu leur maître, elles voulussent le devenir elles-mêmes ; parce qu'enfin ils supposaient que, la guerre étant finie, ils auraient
la paix. Loin de là, ils ont été trompés dans
toutes leurs espérances. Les Souverains ont
bien signé la paix ; mais, au lieu d'ôter les
impôts et de licencier leurs soldats, ils ont
mis de nouvelles taxes et levé de nouvelles
troupes. Les peuples de la ci-devant Confédération ont eu particulièrement à souffrir du maintien et de la présence de toutes
ces armées, soit étrangères, soit nationales,
de manière que leur état, au lieu de s'améliorer depuis que le système des Alliés
a prévalu, n'a fait au contraire qu'empirer
et devenir plus insupportable. De quel œil
donc ces peuples peuvent-ils voir la nouvelle
invasion qui se prépare, et dont le premier
effet est nécessairement d'aggraver encore

leur position? L'année dernière ils avaient des motifs puissans de nous faire la guerre, aussi marchaient-ils contre nous avec cet enthousiasme qu'excite nécessairement chez un peuple l'idée qu'il s'arme pour son indépendance, et que la paix et la tranquillité seront les fruits de la victoire. Mais qu'ont-ils gagné ces malheureux Allemands, pour prix de leur sang et de tant d'autres sacrifices ? un joug encore plus pesant que celui qu'ils portaient auparavant. N'est-il pas naturel qu'aujourd'hui ils regardent les Français comme des alliés qui doivent les aider à se débarrasser de leurs oppresseurs? Car la France a renoncé à toute idée de conquête. Napoléon, satisfait du beau titre d'Empereur des Français, ne prétend plus faire le maître chez ses voisins, et les grands principes qu'il a proclamés en reparaissant au milieu de nous, et les institutions qu'il vient de créer, au maintien desquelles est attachée désormais son existence, sont par cette raison la meilleure garantie de ses intentions. Quelle coopération donc les Hautes-Puissances pourront-elles retirer de ces peuples de la ci-devant Confédération, qu'elles entraînent en ce moment avec elles par la force du torrent? L'expérience est là pour répondre; ils feront à leur égard ce qu'ils ont fait en 1813, à l'égard de la France, qui les entraînait également malgré eux, et qu'ils ont abandonnée aussitôt qu'elle a éprouvé un revers. Dans tous les cas, avec cette disposition des esprits, ils ne peuvent servir la cause des Alliés, qui n'est plus la leur, qu'avec une extrême tiédeur, pour ne rien dire de plus.

La Suède donnait, l'année dernière, un contingent de quarante mille hommes à la coalition, maintenant elle ne lui fournit pas un soldat, 1° parce qu'elle n'a plus d'intérêt à faire la guerre, ayant obtenu la Norwège qu'elle demandait; 2° parce qu'elle est obligée de garder sa conquète, et que, si elle envoyait son armée sur le continent, à une aussi grande distance, les Norwégiens, qui n'aiment pas les Suédois, pourraient se soulever et secouer le joug; 3° enfin, parce que sa position géographique ne l'expose pas, comme les États de la Confédération, à être entraînée forcément par le mouvement des grandes Puissances. Voilà donc encore un ennemi de moins.

On pourrait peut-être objecter que nous avons aussi un allié de moins, les Américains des États-Unis, qui viennent de faire la paix avec l'Angleterre. Cela est vrai; mais d'abord j'observerai qu'à l'époque où nous avions la guerre l'année dernière, celle des Américains et des Anglais se faisait d'une manière très-languissante, et que ces derniers y avaient peu de troupes; tous leurs efforts étaient dirigés contre nous. Ce n'est qu'à l'époque où les événemens de l'Europe leur ont permis d'envoyer une belle armée en Amérique que la guerre y devint si active. Aujourd'hui les troupes employées à cette expédition lointaine ne sont pas encore de retour en Europe. L'Angleterre en laissera une partie dans les possessions qui avoisinent les États-Unis; car on ne peut supposer qu'elle abandonne imprudemment ces pays sans défense, à la suite d'une guerre qui a été tout à l'avantage des Américains, qui par conséquent a exalté leur courage et leurs espérances, et qu'un rien peut rallumer, surtout en considérant la révolution qui vient de changer le Gouvernement français. Quant aux troupes que les Anglais pourront ramener, et qui arriveront, Dieu sait à quelle époque, elles ne seront pas en état d'être mises en activité, après une campagne aussi longue, aussi pénible, aussi désastreuse que celle qu'elles viennent de terminer en Amérique, et à la suite de laquelle, pour les rafraîchir, elles auront fait une longue traversée. Elles doivent être d'ailleurs bien diminuées, après avoir été battues si souvent et si complétement dans cette guerre des Etats-Unis. Ainsi, tout compte fait, les troupes anglaises qui ont été employées en Amérique ne pourront guère servir contre la France dans la campagne de 1815.

Observons encore que l'Angleterre, qui jusqu'à présent a fourni d'énormes subsides aux autres Puissances pour les aider dans les dépenses de la guerre, et qui pour cela a fait emprunt sur emprunt, ne peut plus leur accorder de si grands secours en finances. Le dernier emprunt se remplit très-difficilement, ce qui prouve incontestablement que l'opinion publique dans ce pays est également contre la guerre. Il faudra donc cette fois-ci que la Russie, l'Autriche et la Prusse, supportent, chacune en ce qui la concerne, les frais de leur nouvelle expédition.

Si la position des Puissances étrangères à l'égard de la France en 1815 présente à cette dernière infiniment plus de chances qu'en 1814, dans l'alternative d'une nouvelle guerre, sa situation intérieure ne lui offre pas moins d'avantages.

Reportons-nous en effet à cette triste époque de l'invasion de notre territoire. L'armée était exténuée par deux années consécutives de la guerre la plus active et la plus malheureuse. Les désastres des retraites de Moscow et de Leipsick l'avaient deux fois désorganisée. Les marches forcées, le défaut de nourriture et une saison malsaine avaient encombré les hôpitaux de malades dans la Saxe ; on fut obligé de les évacuer avec précipitation après la bataille de Leipsick ; enfin une affreuse épidémie vint joindre ses ravages à tant de maux. Le moral de l'armée était abattu ; de jeunes conscrits, levés à la hâte, qu'on n'avait pas eu le temps de discipliner et d'instruire aux manœuvres, obligés de faire l'apprentissage de la guerre au milieu d'un hiver extrêmement rigoureux, étaient une bien faible ressource pour remplacer les vieilles bandes qui étaient ou prisonnières en Russie, en Allemagne, en Italie, en Espagne, en Angleterre, etc., ou enfermées dans toutes ces places fortes que nous avions laissées depuis Dantzick jusqu'à nos dernières lignes. Mais que la situation de l'armée est différente aujourd'hui ! Un repos de treize mois lui a rendu la santé, la vigueur et la discipline. Les prisonniers sont rentrés, ou du moins la très-grande majorité ; il en est de même de ces garnisons nombreuses que nous avions laissées dans des murs étrangers, et qui depuis long-temps ont été ralliées. Lorsque tous les vieux soldats que l'on rappelle seront incorporés, l'armée sera plus du quadruple en militaires aguerris de ce qu'elle était l'année dernière. Composée tout entière de troupes fraîches, pleine d'enthousiasme pour la cause qu'elle va défendre, animée du désir de la vengeance, on peut dire qu'elle éprouve actuellement le besoin de combattre. Que ne peut donc pas une telle armée conduite par le plus grand capitaine du monde, marchant aux cris de *vive la liberté !* et aux sons de ces airs chéris de la Nation, qui lui ont été rendus, et qui jadis, en enflammant le courage, contribuèrent si puissamment à ses plus belles victoires !

Mais le plus étonnant et le plus important des changemens que présente notre situation actuelle est celui qui s'est opéré dans la Nation française elle-même. Qu'elle ressemblait peu à ce qu'elle avait été dans les beaux jours de la révolution, à cette triste époque de l'invasion de notre territoire ! Avilie par le despotisme, abattue par les revers, indifférente même sur son sort futur, recevant sans honte le joug de l'Étranger, les Français semblaient ne plus mériter de porter ce beau nom. Cependant, lorsque le Gouvernement impérial fut renversé, la nécessité de se choisir un autre Gouvernement rappela à la Nation qu'elle avait des droits politiques. Après une si longue interruption, on recommença à les discuter. La liberté de la presse, dont on jouit pendant quelque temps, acheva de faire renaître les idées de liberté qui semblaient devenues étrangères parmi nous. La Charte constitutionnelle que donna Louis XVIII, quoiqu'imparfaite sous un grand nombre de rapports, et quoique sapée ensuite tous les jours, de manière à menacer ruine, produisit néanmoins ce grand bien pendant sa durée, qu'elle fit reprendre à la Nation l'habitude des formes de la liberté. Elle retrouva un charme inexprimable dans ces débats de la Chambre des députés, où d'habiles orateurs défendirent souvent ses droits, sinon avec succès, du moins avec courage et éloquence. Les noms des Flaugergues, des Dumolard, des Bedoch, des Raynouard des Durbach, etc., ont été répétés dans toute la France avec reconnaissance. Enfin la Nation, inquiétée pour le maintien de ses institutions par la marche oblique du Gouvernement, qui minait sourdement la Charte, par les prétentions sans bornes de la noblesse et du clergé, qui la menaçaient d'une destruction totale ; la Nation, dis-je, avait fini par prendre une telle attitude vers la fin même du règne de Louis XVIII, qu'elle paraissait disposée à se livrer plutôt à une nouvelle révolution qu'à souffrir le renversement du Gouvernement constitutionnel. Tout le monde sait que le duc d'Orléans avait un parti, que la Régence en avait un autre non moins puissant, qu'il ne tenait qu'au prince Eugène d'en avoir un formidable, enfin que Napoléon lui-même comptait un grand nombre de partisans dans toutes les classes, et qu'il avait toute l'armée pour lui. Cette fermentation des esprits, cette opposition décidée à tout mouvement rétro-grade, prouvent combien l'esprit public s'était formé en France depuis quelques mois. Le retour des idées de liberté ramène nécessai-rement aussi le patriotisme, et les mêmes personnes qui, l'année dernière, virent avec indifférence des étrangers, maîtres de notre capitale, dicter des lois à la Nation, rougis-saient actuellement d'une telle ignominie et de l'état d'abjection et de nullité dans lequel nous étions à l'égard des autres Puissances. Le retour de Napoléon a hâté et consommé le développement de ces sentimens généreux.

Le peuple cherchait une main puissante capable d'arrêter le mouvement rétrograde qui le ramenait insensiblement sous le joug du sacerdoce et des priviléges féodaux ; il jetait des regards inquiets tour-à-tour sur le prince Eugène, le duc d'Orléans, enfin vers les rochers de l'île d'Elbe. Tout-à-coup le libérateur que nous attendions a paru. Le grand homme est sorti de sa retraite et s'est élancé rapidement sur le sol de la patrie. Suivi d'une poignée de braves qui avaient voulu partager son exil, sans le secours d'aucune conspiration intérieure, sans intelligence préparée, Napoléon, ayant deviné la pensée des Français, paraît avec confiance au milieu d'eux, et les Français, qui ont deviné la sienne, le reçoivent avec acclamation. En effet, ce n'est plus ce peuple indifférent et sans patriotisme ; c'est une nation généreuse, impatiente d'un joug honteux, qui veut la liberté, et reçoit avec enthousiasme un libérateur qui lui rapporte tous ses titres de gloire ; mais, d'un autre côté, ce n'est plus le despote usurpateur des droits sacrés du peuple, ce n'est plus le souverain enivré par une longue prospérité, et par l'encens corrupteur de la flatterie ; c'est un grand homme corrigé par l'adversité.

Quel spectacle plus sublime l'histoire montra-t-elle jamais que celui d'une grande nation et d'un grand homme, se précipitant ainsi dans les bras l'un de l'autre, après une longue absence, abjurant leurs erreurs, et fiers de leur union, et de cet arbre immortel de la liberté qu'ils ont relevé et qui leur prête actuellement son appui, défier tous les tyrans de l'Europe de les renverser, c'est-à-dire de les désunir! Ah! puisse cette union être parfaite! c'est le vœu d'un bon citoyen. Mais, lors même qu'elle ne le serait pas, lors même qu'une partie de la Nation restée en arrière. de celle qu'entraîne un mouvement patriotique refuserait de prendre part à la lutte glorieuse qui se prépare, et prétendrait rester spectatrice du combat, sauf à être froissée par le choc inévitable des masses belligérantes, le Gouvernement n'en trouverait pas moins de puissans auxiliaires dans ce nombre immense de braves citoyens armés déjà, ou prêts à s'armer pour la cause de l'indépendance et de la liberté. Le patriotisme est à son comble dans le Dauphiné, le Lyonnais, la Bourgogne, la Franche-Comté, l'Alsace, la Lorraine, la Champagne; l'esprit public est également excellent dans la Bretagne, la Normandie, l'Auvergne, les Cévennes, une partie du Languedoc. Je cite particulièrement ces provinces, parce qu'à l'exception d'une très-faible minorité, elles sont toutes animées du même esprit. Quant aux autres provinces, il n'existe pas jusqu'à présent cette unanimité de sentimens parmi leurs habitans, mais partout le parti libéral est nombreux, et on est assuré que celui-là marchera : quant aux indifférens, on en ramènera beaucoup en les éclairant sur leurs véritables intérêts; on en entraînera d'autres; et s'il en reste encore chez qui soit éteint tout amour de la patrie, toute lumière de la raison, tout sentiment généreux, et qui persévèrent dans leur lâche et coupable indifférence, des lois coercitives en feront justice. Ainsi, pour repousser la plus injuste agression, la France aura une belle armée de vieux soldats et une immense quantité de gardes nationaux, dont la majorité sera pleine d'enthousiasme, dans la vigueur de l'âge, disciplinés comme des troupes régulières, et conduits par des militaires expérimentés. Il n'y a pas de conscription ici; il ne s'agit pas de prendre de force des citoyens pour en faire des soldats toute leur vie, et aller porter la guerre chez l'Etranger, c'est le sol de la patrie qu'il faut défendre, et c'est la Nation tout entière qui doit s'ar-

mer, repousser les agresseurs, les forcer à recevoir la paix, et rentrer dans ses foyers (1).

J'ai comparé la situation de la France dans
la campagne de 1814, à sa situation au commencement de celle de 1815. Que résulte-t-il
de cet examen? C'est que la France a maintenant sur les Alliés une foule d'avantages de
la plus haute importance qu'elle n'avait pas
l'année dernière. Contre tant de causes qui
militent en notre faveur, les succès de l'ennemi ne pourraient être que bien chèrement
achetés, et si le Peuple français devait suc-

---

(1) Un autre avantage non moins important que nous
aurons dans cette campagne sur celle de 1814, est la différence des saisons. C'est au milieu de l'hiver que des soldats, habitués à un climat bien plus rigoureux que le
nôtre, nous ont attaqués; par conséquent ils souffraient bien
moins que nous de la rigueur de la température. Ils bi-
vouaquaient impunément avec cinq et six degrés de froid,
tandis que nos soldats en souffraient excessivement. Dans
cette campagne nous ne trouverons point cet inconvénient, et, si elle se prolonge dans l'été, nous aurons à
notre tour l'avantage de la saison. D'un autre côté, l'année dernière les arbres étaient dépouillés de feuilles, les
bois et les taillis ne présentaient pas d'abri, et l'on ne
pouvait par conséquent faire la guerre d'embuscade et de
buissons; guerre si meurtrière pour les assaillans, lorsque
c'est une population qui se défend. Aujourd'hui nous
aurons cet avantage.

comber, ce ne serait qu'à la suite d'une guerre d'extermination, qui, en couvrant notre patrie de sang et de ruines, coûterait immensément aux vainqueurs. Or, croit-on que dans la seule possibilité d'une guerre éloignée les Hautes-Puissances viennent nous livrer actuellement la plus cruelle des guerres? que, pour éviter un mal qui n'est que dans l'avenir, que mille causes peuvent empêcher de naître, elles provoquent maintenant le plus terrible fléau? que, rejetant toutes les probabilités qui sont en faveur du changement de système de la France, toutes les garanties constitutionnelles qu'offre actuellement son Gouvernement pour le maintien de la paix, elles viennent, sur un aussi vain prétexte, sacrifier leurs armées et leurs trésors? Non, ce n'est point là leur véritable motif. Ces Souverains, qui font si peu de cas des larmes et du sang des peuples, pourvu qu'ils puissent augmenter leur domination, n'en veulent qu'à nos belles provinces. C'est leur démembrement et leur partage qui doivent leur payer les frais de la guerre; c'est avec les contributions dont ils les frapperont qu'ils rétabliront leurs finances épuisées. Depuis dix mois ils ne pouvaient s'accorder, au Congrès de Vienne, sur les indemnités qu'ils exigeaient;

3.

Le partage des conquêtes que nous avions faites pendant la révolution et sous le Gouvernement impérial ne pouvait suffire à leur ambition, qui s'accroissait avec les dépouilles des peuples qu'ils s'appropriaient.

Ils étaient prêts à soutenir leurs prétentions par la voie des armes, lorsqu'une heureuse occasion s'est présentée de les concilier en leur offrant d'autres indemnités aux dépens de notre belle France. C'est dans ce but sacrilége qu'ils nous déclarent la guerre; ils se gardent bien de l'avouer dans leurs manifestes, au contraire ils pourront faire les plus belles promesses; ils disent même, *que ce n'est pas aux Français qu'ils feront la guerre, que ce n'est qu'à Napoléon.* S'il se trouvait encore quelqu'un qu'une telle *dérision* pût tromper, qu'il aille interroger les habitans de la Champagne, de l'Alsace, de la Franche-Comté, de la Lorraine et d'une partie de la Bourgogne, ils lui diront que l'année dernière les Alliés avaient donné la même assurance, que cependant leurs villages ont été incendiés, leurs maisons pillées, leurs femmes et leurs filles outragées, qu'ils ont été accablés d'exactions et de mauvais traitemens, et, pour meilléure preuve de la confiance qu'ils ajoutent à la nouvelle déclaration, ils lui montreront leurs préparatifs de défense et l'énergique intention de faire payer chèrement aux généreuses Puissances le bienfait de leur invasion.

On prétend que les Alliés ont promis à Louis XVIII de lui donner trois départemens de plus dans la Belgique ; ainsi disent les Royalistes purs, ils ont si peu l'intention de démembrer la France qu'ils veulent augmenter son territoire.

« Et quelle foi pourrait-elle ajouter à la
» parole de ces Rois qui, depuis un an, se
» jouent, à la face de tous les Peuples, des pro-
» messes solennelles qu'ils leur avaient faites
» au temps du danger et de la mauvaise for-
» tune ? Comment pourrait-elle attendre la
» liberté de ces hommes qui n'ont respecté
» ni celle de la Pologne, ni celle de la Saxe,
» ni celle de Gênes ; qui ont voulu se parta-
» ger la population de l'Europe, comme on
» se partagerait un grand troupeau de bé-
» tail, et se diviser des Etats comme on se
» diviserait une propriété commune et pri-
» vée, sans considération pour l'intérêt ou
» le vœu des habitans ; qui, loin de donner
» aux peuples des institutions favorables à
» cette liberté qu'ils nous annoncent, ont
» souffert que les Rois d'Espagne et de

» Piémont établissent dans leurs États le
» despotisme le plus.violent et le plus stu-
» pide ; qui enfin , depuis dix mois qu'ils
» étaient assemblés , n'ont pas pris une
» seule résolution généreuse , et n'ont tra-
» vaillé à la paix de l'Europe qu'en cher-
» chant à lui rendre ses anciennes chaî-
» nes , après les avoir fortement renouées
» et retrempées » ? (CENSEUR , 5e *volume* ,
page 325.)

J'emprunte ces paroles aussi énergiques
que vraies à un ouvrage devenu national ,
dont la noble indépendance et le patriotisme
sont connus de tout le monde. On sait que
les rédacteurs du *Censeur* ont résisté aux me-
naces et aux caresses qui leur ont été tour-à-
tour prodiguées sous le gouvernement des
Bourbons, et que rien n'a pu les faire fléchir
un instant de leurs principes. Le dernier volume qu'ils ont publié prouve que la même
doctrine les guidera sous le gouvernement impérial. Certes, je suis loin de vouloir défendre
certains articles de ce volume que je trouve
pour le moins intempestifs et d'une réfutation facile ; mais il faut avouer que les Journaux, au lieu de s'attacher à cette réfutation ,
ont été bien coupables de se livrer à des dia-
tribes insultantes contre des écrivains esti-

mables, et qui en d'autres occasions ont bien
mérité de la Nation.

Je citerai encore ce passage du *Censeur* :
« On s'abuserait donc bien étrangement si
» l'on pouvait croire que les Puissances
» coalisées ont des vues favorables à la li-
» berté de la France dans la guerre qu'elles
» se préparent à faire à Napoléon; en même
» temps qu'elles se proposent de le renverser
» elles forment aussi le dessein de nous as-
» servir, et plus nous avons fait éclater le
» désir d'être libres, plus sans doute elles
» prendront de moyens pour nous empêcher
» de le devenir, si jamais elle parviennent
» à nous vaincre.

» *Notre plus grand intérêt est donc évi-*
» *demment de repousser cette ligue odieuse*
» *qui nous annonce la liberté et qui ne peut*
» *nous apporter que la servitude* ». (CENSEUR,
5e volume, pages 328 et 329.)

Telle est la conclusion que tout bon Français doit tirer de l'exposé de notre situation;
mais malheureusement la Nation ne se com-
pose pas tout entière de bons Français; quoique le nombre de ces derniers soit assez
considérable pour rassurer la patrie, elle a
d'autres enfans dont les sentimens sont assez
équivoques pour leur mère; il en est même

qui ne l'ont jamais reconnue et pour lesquels elle n'est qu'un vain nom. Ceux-là s'appellent en France des Royalistes purs (1); ils ne reconnaissent qu'un maître qu'ils nomment Souverain légitime, et par-là ils entendent *une usurpation que le temps avait consacrée.* Ces esclaves considèrent tellement la France comme la propriété de leur maître, qu'ils préféreraient la voir démembrée, diminuée de ses plus belles provinces, dévastée par tous les fléaux de la guerre, mais rentrée sous la domination de ce maître, que grande, riche et florissante, mais gouvernée par un autre chef. Prétendre ramener ces enfans dénaturés à la patrie qu'ils ont abjurée, chercher à leur prouver que c'est un blasphème de dire *qu'il n'y a pas de patrie pour eux sans Bourbon,* c'est une peine inutile, ce serait vouloir montrer le soleil à un aveugle incurable. Il serait aussi inutile de chercher à inspirer des sentimens généreux à cette classe d'hommes qui ne sont ni Royalistes, ni Patriotes, ni Républicains; à ces égoïstes auxquels il est indifférent d'être citoyens français, ou sujets

-----

(1) Je distingue, comme l'on voit, les *Royalistes purs* de ceux qui, quoique attachés d'affection à la famille des Bourbons, le sont encore plus à leur patrie.

de l'Angleterre, de la Prusse ou de l'Autriche;
qui préféreraient de grand cœur voir la
France disparaître sur la carte, plutôt que
de donner volontairement un écu ou une
goutte de leur sang pour la défendre; à ces
hommes pusillanimes que l'idée de passer
des nuits au bivouac, de coucher sur la dure
et d'affronter la mort sur un champ de bataille fait frissonner de tous leurs membres,
ces lâches cherchent à colorer leur indifférence pour la chose publique par de vaines
déclamations contre le Chef actuel du Gouvernement; mais ils ne feront point de dupes,
et resteront voués au mépris de leurs conci-
toyens. Je ne m'adresserai pas à ces nobles et
à ces membres du Clergé qui n'attendaient
que le retour de leurs priviléges, et qui ful-
minent de se voir trompés dans leurs espérances; ni à ces fonctionnaires déchus qui
n'entrevoient dans le bouleversement qu'ils
appellent que la possibilité de rentrer, à
quelque prix que ce soit, dans les emplois
qu'ils ont perdus. Les Français qui dans leurs
coupables vœux peuvent sacrifier le bien public à leurs intérêts privés n'écouteraient
point la voie d'un patrïote.

Je ne chercherai pas non plus à persuader
ceux qui, uniquement conduits par l'esprit

de parti et par une haine particulière contre Napoléon, désirent qu'il soit renversé, quand même il en devrait résulter la destruction de toutes nos armées, et des maux affreux pour la Nation; qui en conséquence, sans être eux-mêmes dupes de leurs discours, cherchent par des paroles insidieuses à égarer l'opinion des individus que l'on influence, fabriquent et propagent chaque jour toutes ces nouvelles absurdes qui, quoique démenties le lendemain, font place à de nouvelles faussetés. Ces hommes dangereux ne sont pas gens à mépriser, c'est à l'animadversion de leurs compatriotes qu'il faut les signaler. Mais il est une autre classe (et c'est à celle-là que je m'adresse) composée de personnes qui, douées de courage, capables de dévouement pour la chose publique, ont été cependant égarées, soit par l'influence de quelques parens ou amis, de quelques préjugés d'enfance, de quelques principes politiques mal entendus, ou enfin parce qu'elles ont mal jugé la question, et qui se trompent de bonne foi. Si l'exposé que je leur ai présenté des véritables motifs qui dirigent les Puissances alliées dans la guerre dont elles nous menacent, n'est pas suffisant pour les rallier aux défenseurs de la patrie; si elles sont encore incertaines de la

marche qu'elles doivent tenir à cause des in-
quiétudes que leur inspire le Chef du Gouvernement, et qu'elles me répondent : « La cause
» de la patrie est perdue : d'un côté, les Étran-
» gers nous apportent des maux affreux, la
» honte et la servitude ; d'un autre côté, si
» nous allons, au prix de notre sang et de
» nos fatigues, défendre nos frontières et for-
» cer l'ennemi à se retirer, quel sera le prix
» de nos sacrifices ? Nous retombons sous le
» sceptre de fer de Napoléon. Avec lui point
» de liberté, point de sûreté individuelle ; la
» Constitution qu'il donne actuellement sera
» violée comme les autres ; pour satisfaire sa
» folle ambition il faudra recommencer des
» guerres ruineuses ; la conscription viendra
» de nouveau moissonner la jeunesse fran-
» çaise ; l'Europe se soulèvera encore une
» fois contre le perturbateur de sa tranquil-
» lité, et il faudra que tôt ou tard nous su-
» bissions le joug des autres Puissances. Sou-
» mettons-nous donc à notre triste destinée
» puisque nous ne pouvons la conjurer ».

Examinons jusqu'à quel point ces craintes
sont fondées.

Les sots persévèrent toute leur vie dans
leurs erreurs, les gens d'esprit se corrigent
souvent, les grands hommes ne perdent ja-

mais la leçon de l'adversité. Napoléon, porté, à la fleur de l'âge, aux premières dignités militaires et peu après à la tête du Gouvernement consulaire ; comblé des faveurs de la fortune, enivré de tous les genres de gloire, et par une suite non interrompue de triomphes et de prospérité, arrivait à cette époque de la vie que l'on nomme particulièrement l'âge de l'ambition. Pour résister à tant de prestiges et de séductions, à tant d'adroits flatteurs qui dès-lors l'entourèrent, à cet amour insatiable de gloire qui le tourmentait, il aurait fallu que la nature eût été aussi prodigue de vertu à son égard qu'elle l'avait été de génie : il succomba ; les droits sacrés du Peuple furent violés, le despotisme s'étendit partout, et la Nation reçut avec indifférence des lauriers qui ne servaient qu'à cacher ses fers : celui qui l'avait asservie perdit tout son amour, et, lorsque des désastres inouïs le forcèrent à lui faire un appel, tous les cœurs furent sourds, ou s'il s'en trouva quelques-uns qui l'entendirent, ce fut parce qu'il annonçait en même temps le danger de la patrie. Ah ! si Napoléon est tombé, ce ne sont point les armes de l'Etranger qui l'ont renversé, c'est que l'appui de la Nation lui a manqué. Grande et utile leçon pour lui, fortifiée encore par la chute récente des Bourbons, qui n'est arrivée que par la même raison. La Nation française avait été courbée insensiblement sous le despotisme impérial, parce que, pleine d'enthousiasme et de confiance pour son Chef, elle se livrait tout entière à lui et qu'il en abusa ; mais, instruite par l'expérience, fière de l'attitude républicaine qu'elle a prise, jalouse de ses droits politiques, et épiant désormais avec vigilance tous les actes qui tendraient à l'en priver, elle arrêterait au premier pas le Souverain qui oserait encore attenter à sa liberté, et, ne craignons pas de le dire, si Napoléon, ce qu'à Dieu ne plaise ! voulait encore porter une main sacrilége sur les institutions qu'il vient de recréer et dont le maintien assurera à la France son indépendance et son bonheur, mille citoyens généreux s'armeraient à l'instant pour lui percer le sein, la Nation tout entière se soulèverait, et les militaires eux-mêmes, qui en font partie aujourd'hui, l'abandonneraient et deviendraient autant de vengeurs de la liberté publique (1).

____

(1) Les militaires, en tant que militaires, savent très-bien que l'armée est essentiellement obéissante ; mais, en tant que citoyens, ils ne savent pas moins que la résistance contre tout acte destructif de la liberté publique

Mais non, le grand homme que la Providence nous a ramené, instruit à l'école de l'adversité, rendu à la vraie gloire qui fut d'abord la sienne, à ces éternels principes qu'il a proclamés à son retour comme sa sauvegarde, sera en même temps le restaurateur et le défenseur de notre liberté.

Les Français sont éclairés aujourd'hui sur les vrais principes des Gouvernemens ; ils ne veulent pas plus d'une démocratie pure, que d'une monarchie absolue ; il n'y a que quelques Royalistes qui affectent de parler de Jacobins et de bonnets rouges, afin d'épouvanter les gens assez crédules pour croire à leurs feintes terreurs. Mais si les Français repoussent un Gouvernement purement républicain, ils veulent une *Monarchie républicaine*, c'est-à-dire, un Gouvernement qui réunisse les avantages de la république et de la monarchie ; qui soit libre comme l'une, et stable comme l'autre. Sous ces rapports, la Constitution présentée par Napoléon, pour être soumise à l'acceptation

---

est un devoir sacré pour eux. Nos officiers ne se regardent plus comme les instrumens passifs d'un Gouvernement despotique, ils sont pleins d'enthousiasme pour le Héros qui gouverne la France ; mais ce n'est plus l'*Empereur* qu'ils servent aujourd'hui, c'est la *Patrie*.

des Assemblées primaires, remplirait ce but, quoique susceptible encore de quelques améliorations importantes.

Cette nouvelle Constitution est absolument calquée sur celle des Anglais, que Montesquieu, le premier des publicistes, appelle une République déguisée sous le nom de Monarchie; ainsi le Gouvernement français, tel qu'il est établi par le nouvel Acte, est une *Monarchie républicaine*. Si même cette Constitution présentait quelque différence avec celle des Anglais qui a fait la gloire et la prospérité de cette Nation, c'est à l'avantage de la nôtre, qui offre des garanties de plus et des garanties d'une haute importance.

Le droit de paix et de guerre y est implicitement reconnu à la Nation. Le droit de paix, puisqu'aucune aliénation, ou échange ou incorporation de territoire ne peut avoir lieu qu'en vertu d'une loi. Le droit de guerre, car on ne fait la guerre qu'avec des hommes et de l'argent, et toute levée d'hommes et d'argent doit être décrétée par une loi, dont la proposition est faite d'abord à la Chambre des représentans du peuple (1). Ainsi ce n'est

______

(1) On sait qu'en Angleterre la marine militaire, qui est la partie essentielle de ses forces de guerre, ne se recrute que par la presse, qui est de tous les moyens

plus avec un sénatus-consulte émané d'un corps peu nombreux, et par conséquent facile à corrompre ou à intimider, isolé de la Nation et conséquemment sans défense, et livré à la disposition du Souverain ; ce n'est plus, dis-je, avec un de ces actes justement décriés qu'un Gouvernement despotique viendra arracher les citoyens de leur famille, et les envoyer combattre sur une terre étrangère, pour des intérêts qui leur sont étrangers. Toute levée d'hommes ne sera faite qu'en vertu d'un décret de la Chambre des représentans, après que la proposition aura été librement discutée par elle, et également consentie par la Chambre des pairs. Le grand nombre de ces représentans (1) est une excellente garantie contre la corruption, et par conséquent contre l'influence du Souverain. On sent combien il serait difficile de gagner une telle majorité, composée elle-même en grande partie de pères de famille, dont les enfans seraient exposés à marcher comme ceux des autres citoyens ; ainsi la

---

de recrutement le plus odieux, le plus arbitraire et le plus illégal. Le Souverain peut l'employer quand bon lui semble, sans que l'exercice en soit réglé par aucune loi.

(1) Il est fixé à 629.

Chambre n'accordera des levées d'hommes que dans le cas où l'intérêt de la Nation l'exigerait expressément, et, dans ces occasions, personne n'aurait à se plaindre.

Je ne m'arrêterai pas sur les autres dispositions républicaines de l'Acte additionnel, elles se font apercevoir d'elles-mêmes, et leur réunion contient toutes les garanties que peuvent désirer les Français pour leur liberté. Nous devons donc l'adopter d'abord, sauf, dans des temps plus tranquilles, à y faire des modifications sur certains articles, tels, par exemple, ceux relatifs à l'organisation de la Chambre des pairs, et surtout l'hérédité de la pairie. Je sais qu'on peut faire de très-bons raisonnemens, et citer, en faveur de cette disposition, des autorités imposantes parmi les publicistes ; mais tous les avantages qu'elle peut présenter semblent ne pouvoir racheter l'odieux inconvénient d'établir des familles patriciennes dans l'État, tant la Nation a d'éloignement et d'horreur pour tout ce qui tendrait à ramener les priviléges et l'inégalité parmi elle. L'Empereur vient de reconnaître lui-même solennellement (décret impérial inséré au Moniteur du 1ᵉʳ mai) que le Peuple français a le droit d'introduire des améliorations dans la Constitution, en manifestant son vœu par l'organe de ses Représentans ; il n'y a que certains articles fondamentaux qui doivent rester invariables, tels sont ceux exprimés par l'article 67 de l'Acte additionnel. Il sera donc facile de faire changer les dispositions contre lesquelles se prononcerait fortement la Nation quand elle pourra délibérer tranquillement. Mais, encore une fois, la Constitution, telle qu'elle existe aujourd'hui, est sans contredit la meilleure que nous ayons eue, et elle contient toutes les garanties que peut désirer le Peuple français.

D'un autre côté, la conduite de Napoléon depuis son retour, est une garantie non moins précieuse. Si jamais la liberté de la presse pouvait porter ombrage à un Souverain, ce serait assurément dans les circonstances critiques où nous nous trouvons, et cependant nous voyons circuler une foule d'ouvrages qui doivent nécessairement déplaire au Chef du Gouvernement. Quel hommage plus éclatant peut-il rendre à ce palladium de la liberté politique ?

N'a-t-il pas été admirable de voir ces journalistes, ces faiseurs de pamphlets, qui écrivaient sans cesse contre lui les plus grossières injures, et qui au premier moment de son retour s'étaient cachés, reprendre tranquillement leurs fonctions quotidiennes, sans être obligés d'acheter bassement par des louanges le droit de rester à Paris, et de rédiger leurs Feuilles?

N'avons-nous pas vu des fonctionnaires éminens, qui s'étaient hautement prononcé contre son retour, et qui s'étaient également cachés dans les premiers momens, rentrer ensuite dans ces mêmes fonctions ?

N'a-t-il pas rappelé autour de lui, et placé dans le Ministère et dans le Conseil d'Etat, des hommes connus par leur patriotisme et leur indépendance républicaine ? L'illustre Carnot, au Département de l'intérieur, est en quelque sorte comme à la tête de la liberté publique. Foucher (le duc d'Otrante), à la Police, est l'homme le plus capable d'assurer la tranquillité intérieure, sans faire craindre pour la liberté individuelle : il fut éloigné de ce Ministère à une époque où le Gouvernement devenait despotique, et parce qu'il le servait mal sous ce rapport : cette disgrace fait son éloge, et sa réintégration est un bienfait pour la Nation. Les Ministres des Finances et du Trésor public sont connus depuis long-temps par leur sage administration comme par leur intégrité sans reproche. Le Ministre de la Guerre , est, de l'aveu de tous les militaires, l'un des administrateurs les plus habiles de l'armée, de même qu'il en est un des meilleurs généraux ; ceux qui ont servi sous lui le peignent comme un homme dur, mais juste et d'une intacte probité. Le Ministre de la Justice (le prince Cambacérès) et le Ministre secrétaire d'État (le duc de Bassano) sont également reconnus pour des gens de beaucoup d'esprit, d'habileté, de grands talens, consommés dans les affaires ; mais ils sont un peu entachés d'aristocratie dans l'opinion publique, et inspirent sous ce rapport seul quelque défiance ; à l'exception de ce reproche, on peut dire à juste titre qu'il serait difficile de voir un Ministère mieux organisé et plus digne de la confiance de la Nation.

Enfin l'Empereur n'est plus à cette époque de la vie où une tête ardente, enivrée de l'amour de la gloire, tourmentée par une activité dévorante, ne rêve que grandeur et conquêtes. Les trois années qui viennent de s'écouler ont dû nécessairement le vieillir, et il entre dans l'âge où le besoin de la tranquillité se fait vivement sentir , surtout après une vie aussi agitée , aussi laborieuse que la sienne.

Soit donc que nous considérions Napoléon lui-même, les individus qui l'entourent, les institutions qu'il vient d'établir, l'attitude et l'esprit de la Nation , la situation de la France à l'égard des autres Puissances, les motifs qui peuvent guider ces dernières, et le but qu'elles se proposent dans leur nouvelle agression ; tout nous dit qu'il est du devoir et de l'intérêt pressant de tous les Français de se réunir fortement autour de leur Chef, pour repousser les barbares qui viennent nous apporter la honte , l'esclavage, le déchirement de la France, l'appauvrissement de nos provinces et l'anéantissement de la population. Unis, nous serons invincibles, et nous forcerons promptement l'Etranger à recevoir la paix ; il ne peut espérer de triompher qu'en spéculant sur nos dissensions intérieures ; mais lors même qu'une partie de la Nation séparerait sa cause de celle des patriotes, nous n'en aurions pas moins une guerre d'extermination , et dans laquelle ces coupables citoyens trouveraient le prix de leur lâcheté. L'armée est décidée à se faire hacher jusqu'au dernier sol-

dat, plutôt que de souffrir que d'insolens
vainqueurs viennent encore lui dicter des
lois. Les Romains ne furent jamais plus ter-
ribles qu'en sortant des Fourches-Caudines!
La partie généreuse de la Nation qui sait que
ce n'est pas pour Napoléon qu'elle va combattre, mais bien pour son indépendance, sa
liberté et sa tranquillité, est également décidée
à tous les sacrifices. Si donc la plus juste
comme la plus belle des causes devait succom-
ber, et que les baïonnettes des Anglais, des
Russes, des Autrichiens et des Prussiens re-
plaçassent encore une fois sur un trône avili
des Princes que la Nation a repoussés deux
fois; que, dans leur générosité, ils lui accor-
dassent des États aussi étendus que ceux de
leur ancêtre Robert-le-Fort; ces Souverains de
notre choix n'auraient plus à craindre cette
armée qu'ils ne regardaient qu'avec inquié-
tude, les braves seraient tous couchés dans
la poussière; c'est sur des ruines qu'ils ré-
gneraient alors, et la paix qu'ils donneraient
à la France serait la paix des tombeaux. Mais
non, c'est une paix glorieuse qu'il faut à cette
belle contrée; la Nation ne peut méconnaître
ses plus chers intérêts; elle se réunira tout
entière pour les défendre, ou du moins le

nombre des traîtres et des lâches sera si petit
qu'il ne pourra rien contre elle. Etonné de
cette noble et formidable attitude, l'Étranger
se retirera, ou si, croyant que notre union
n'est qu'un simulacre, il tentait d'en sonder
le mystère, nous ferions promptement cesser
son erreur, et le forcerions de renoncer à ses
projets. Que tout Français s'arme donc pour
la patrie, la liberté et la paix !

N. DE LA S.

De l'Imprimerie de J.-L. CHANSON, rue des Mathurins, n° 10.

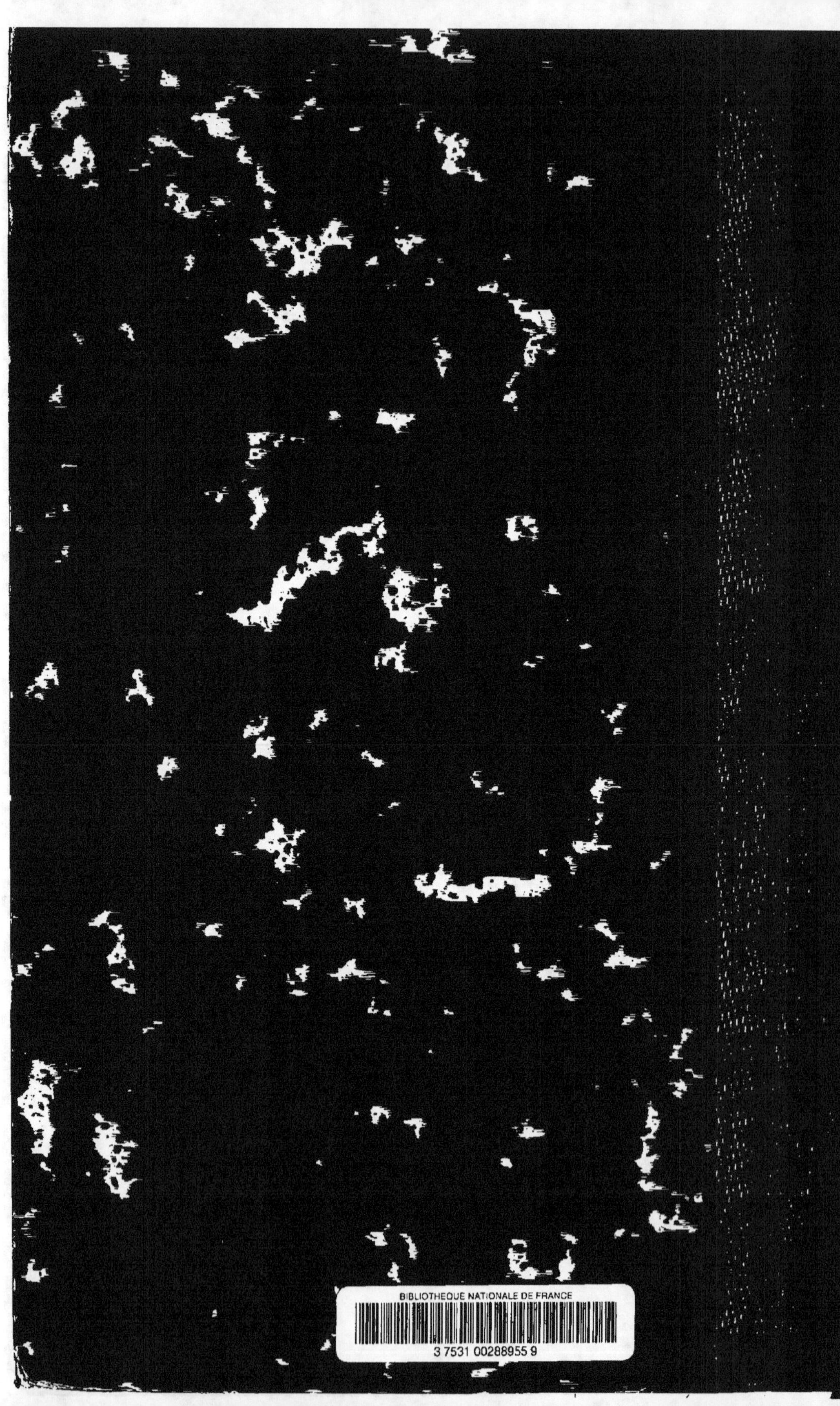